KOSMOS *mini*

Was fliegt denn da?

KOSMOS *mini*

Ulrich Schmid

Was fliegt denn da?

Mit 51 Farbfotos von Danegger (S. 2 u. 3, 17, 47, 71, 99), Diedrich (S. 15, 31, 39, 85, 89, 91), Fürst (S. 59), Groß (S. 37, 51, 111), Hecker (S. 19, 83, 95, 97, 101), Limbrunner (S. 21, 29, 43, 61, 87), Pott (S. 81, 103), Schmidt (S. 35, 57, 63, 93), Stephan (S. 69), Wisniewski (S. 75, 77, 107) und Zeininger (S. 23, 25, 27, 33, 41, 45, 49, 53, 55, 65, 67, 73, 79, 105, 109, 113), 9 Schwarzweißzeichnungen von Wolfgang Lang, 23 Silhouetten aus dem Kosmos-Archiv.

Umschlaggestaltung von Friedhelm Steinen-Broo, eStudio Calamar, Pau (Spanien), unter Verwendung eines Dias (Rotkehlchen) von Zeininger.

Die Deutsche Bibliothek – CIP-Einheitsaufnahme
Der Titelsatz für diese Publikation ist bei der Deutschen Bibliothek erhältlich.

ISBN 3-440-08470-1
Grundlayout: Friedhelm Steinen-Broo, eStudio Calamar, Pau (Spanien)
Lektorat: Stefanie Tommes und Rainer Gerstle
Produktion: Martina Gronau, Lilo Pabel
Printed in Italy
Satz: Jana Rabisch
Druck und Buchbinder: Printer Trento s.r.l., Trento

Inhalt

Was fliegt denn da? 6
Bestimmen mit Farbcode & Co 6

Wo finde ich was?
Vögel an der Gestalt erkennen 10

Beschreibungen der Vögel 14

Beobachtungstipps für Vogelfreunde 114
Vogelkonzerte als Bestimmungshilfe 115
Die Lebensräume:
Ausgangspunkte für Entdeckungen 117

Vogelschutz 121

Register 127

Was fliegt denn da?

Mehrere hundert Vogelarten leben in Mitteleuropa, sei es als Brutvögel, sei es als Durchzügler oder Wintergäste. Da fällt die Antwort auf die Frage „Was fliegt denn da?" oft gar nicht so leicht. Unsere Auswahl von 50 häufigen Brutvogelarten bietet einen guten Leitfaden durch die Vielfalt einheimischer Vögel in ganz unterschiedlichen Lebensräumen. Viele „alltägliche" und manche seltenere Arten lassen sich damit sofort bestimmen.

BESTIMMEN MIT FARBCODE & CO.

Größe: Die Arten sind nach Größe angeordnet. Als Maßstab dienen dabei drei allbekannte Vögel, nämlich Haussperling, Amsel und Krähe. Vier Leitfarben sind den Größenklassen zugeordnet:

kleiner als Haussperling
(abgekürzt < Sperling)

größer als Haussperling, aber kleiner als Amsel (abgekürzt < Amsel)

größer als Amsel, aber kleiner als Aaskrähe (abgekürzt < Krähe)

größer als Aaskrähe (abgekürzt > Krähe)

Außerdem ist die Länge des Vogels in cm (L) angegeben. Aber Vorsicht: Ein und derselbe Vogel kann im Nebel sehr viel größer wirken als im Sonnenschein.

Gestalt: Oft genügt schon ein Blick auf das Foto, um eine Vogelart sofort zu erkennen. Die wichtigsten Merkmale können mit Hilfe des Textes überprüft werden. Dort finden sich auch Hinweise auf Unterschiede zwischen Männchen und Weibchen. Schwieriger wird die Bestimmung bei ungünstigen Beobachtungsbedingungen (z.B. Gegenlicht). Wenn die Färbung schlecht erkennbar ist, helfen typische Silhouetten und Bewegungsweisen weiter. Die schlanke, durchs Gebüsch schlüpfende Grasmücke lässt sich so sofort vom stämmigen, am Boden hüpfenden Finken mit seinem klobigen Schnabel unterscheiden. Als Bestimmungshilfe ist deshalb jeder Vogelart eine Silhouette zugeordnet. Schon beim Überfliegen dieser Schattenrisse auf den Seiten 10–13 werden Sie viele Vogelgruppen richtig bestimmen. Nahe verwandte Arten werden zu Familien zusammengefasst (zum Beispiel „Meisen", „Zweigsänger" oder „Enten"). Weil es auch bei Vögeln Familienähnlichkeiten gibt, die sich sehr häufig in einer gemeinsamen Grundgestalt äußern, erleichtert die Angabe der Familie unterhalb der wissenschaftlichen Artbezeichnung bei den einzelnen Arten ebenfalls die Bestimmung.

Stimme: Fast so hilfreich wie Farbe und Form ist die Stimme, wenn es um die Vogelbestimmung geht. Gezwitscher, Gesänge und Rufe der Vögel sind allerdings meist nicht einfach zu beschreiben. Auf besonders typische Lautäußerungen wird bei vielen Arten im Abschnitt „Merkmale" hingewiesen. Meist handelt es sich um die Gesänge, die im Frühjahr dazu dienen, Reviere zu markieren und Weibchen anzulocken.

Auftreten: Zahlreiche Arten können das ganze Jahr bei uns beobachtet werden („ganzjährig" unterhalb der Größenangabe), andere sind Zugvögel, die nur wenige Monate hier verbringen. Unterhalb der Größenangabe ist dann vermerkt, in welchem Monat die Art gewöhnlich ankommt, und wann sie uns wieder verlässt. Manche Arten (wie die Schwalben) sind Weitstreckenzieher, die sich meist genau an diese Zeiten halten. Andere legen kürzere Entfernungen zurück, und einzelne Vögel probieren schon mal aus, ob man in Mitteleuropa auch überwintern kann. Dazu gehören z.B. Zilpzalp (S. 24), Mönchsgrasmücke (S. 26) und Hausrotschwanz (S. 32). Bei ihnen sind die Zeitangaben „Richtwerte", die nicht immer eingehalten werden. Natürlich ist es auch nicht ganz unwesentlich, ob man eher im Süden oder weiter im Norden beobachtet. Der im tropischen Afrika überwinternde Mauersegler (S. 50) etwa trifft im langjährigen

Mittel um den 1. Mai in Süddeutschland ein, erreicht um den 10. Mai die Nordseeküste und gegen Ende des Monats die Brutgebiete in Nordeuropa. Solche klaren Verhältnisse herrschen vor allem im Frühjahr, wenn es alle Vögel eilig haben, ins Brutgebiet zu kommen, dort Reviere zu besetzen und Partner zu finden. Im Herbst dagegen bummeln manche sogar gen Süden. Herrscht mildes Wetter, lassen sich einzelne Nachzügler oft noch sehr spät im Jahr entdecken.

Vorkommen: Eine wichtige Rolle bei der Bestimmung spielt auch der Lebensraum. Unter dem Stichwort „Vorkommen" ist er in den Arttexten kurz charakterisiert. Während manche Arten wie etwa die auf Seite 62 vorgestellte Amsel fast allgegenwärtig scheinen, sind andere stärker auf bestimmte Umweltbedingungen festgelegt. Dazu gehören nicht nur viele seltene, sondern auch einige häufige Arten. Der Haussperling (S. 34), um nur ein Beispiel zu nennen, ist hierzulande wirklich auf Siedlungen beschränkt. Vom Menschen verlassene Dörfer sind wenig später auch spatzenfrei. Es lohnt sich also, bei der Bestimmung eines Vogels auch den Lebensraum mit einzubeziehen. Außerhalb der Brutzeit darf man sich allerdings nicht wundern, wenn Vögel gelegentlich auch in ganz „falscher" Umgebung sitzen. Ziehenden Vögeln ist manchmal jeder Rastplatz recht.

Wo finde ich was?
Vögel an der Gestalt erkennen

Meisen (S. 14–17):
Klein, rundlich. Kleiner Kegelschnabel.
Meist im Geäst unterwegs.

Kleiber und Baumläufer (S. 18–21):
Schlank. Langer Schnabel. Oft an
Stämmen oder großen Ästen
kletternd.

Zweigsänger (S. 22–27):
Schlank mit feinem Schnabel. Meist
unauffällig durchs Gebüsch
schlüpfend.

Zaunkönig (S. 28 f.):
Klein und rundlich. Sehr kurzer
Schwanz, der oft gestelzt wird. Huscht
durchs Unterholz.

**Erdsänger, Drosseln und Star
(S. 30–33, 60–65):**
Aufrecht sitzende, kleine bis mittel-
große Vögel mit schlankem Schnabel.

Sperlinge, Finken und Ammern (S. 34–45):
Eher plump-rundlich. Kräftiger Kegelschnabel.

Schwalben und Segler (S. 46–51):
Lange spitze Flügel, gegabelter Schwanz. Meist fliegend.

Eisvogel (S. 52 f.):
Aufrecht. Sehr großer Schnabel, winzige Füße und kurzer Schwanz.

Stelzen (S. 54 f.):
Schlank. Mit sehr langem, oft wippendem Schwanz und feinem Schnabel. Meist am Boden.

Lerchen (S. 56 f.):
Plumpe Bodenvögel. Kräftiger Schnabel. Eckiges Kopfprofil wegen aufstellbarer Federhaube.

Spechte (S. 58 f.):
Kräftiger Meißelschnabel, Stützschwanz. Senkrechte Haltung an Stämmen.

Tauben (S. 66–71):
Plumper Körper, dünner Hals und kleiner Kopf mit schmächtigem Schnabel.

Kuckuck (S. 72 f.):
Schlank. Mit spitzen Flügeln und langem Schwanz.

Watvögel (S. 74–77):
Schnabel, Hals und Beine oft lang. Meist in Feuchtgebieten.

Möwen (S. 78 f., 108 f.):
Kräftiger Körper, längerer Hals, schmale und lange Flügel. Meist in Wassernähe.

Rallen (S. 80–83):
Wasservögel mit Stirnschild und kurzem spitzen Schnabel.

Eulen (S. 84 f.):
Aufrechte Haltung. Plumper Körper und dicker, runder Kopf.

Greifvögel (S. 86–89, 96 f.):
Schlank. Meist aufrecht sitzend.
Kräftiger Hakenschnabel und
starke Fänge.

Krähen (S. 90–95):
Groß. Starker, spitzer Schnabel
und kräftige Füße.

Enten (S. 98–103):
Wasservögel. „Bootsform". Runder
Kopf, breiter Entenschnabel.

Lappentaucher (S. 104 f.):
Schwimmt tief im Wasser liegend.
Langer, schlanker Hals und langer,
spitzer Schnabel.

Kormoran (S. 106 f.):
Groß und schwarz. Liegt tief im Wasser,
Kopf oft schräg erhoben. Kräftiger
Schnabel mit Hakenspitze.

Schreitvögel (S. 110–113):
Sehr groß. Beine und Hals sehr lang,
dolchförmiger Schnabel.

Blaumeise

Parus caeruleus

L 12 CM
< SPERLING
GANZJÄHRIG

Meisen

MERKMALE

Leuchtend blauer, weiß begrenzter Scheitel. Schwanz und Flügel ebenfalls blau, Bauch gelb, Rücken grün. **STIMME**: Vielfältig, Gesang hell „si si sirrrr".

VORKOMMEN

Wie die Kohlmeise in Wäldern (vor allem Laub- und Mischwälder), Parks und Gärten.

WISSENSWERTES

Außerhalb der Brutzeit streifen Kohl- und Blaumeisen oft zusammen in Trupps umher. Während die Kohlmeisen die dickeren unteren Äste absuchen, turnen die Blaumeisen akrobatisch durch die dünnen äußeren Zweige und die Baumkronen. Mit ihrem kurzen Kegelschnabel holen sie Insekten und deren Larven aus Knospen, Gallen und Blättern. Im Winter sind Blaumeisen oft im Schilf unterwegs. Am Futterhaus sind sie ebenfalls häufig zu Gast. Blaumeisen nisten in Höhlen. Nistkästen mit etwas kleinerem Flugloch lassen sich für Blaumeisen „reservieren", die sonst gegen die kräftigeren Kohlmeisen oft den Kürzeren ziehen.

Kohlmeise

Parus major

**L 14 CM
< SPERLING
GANZJÄHRIG**

Meisen

MERKMALE

Größte und häufigste Meise. Kopf schwarz mit
weißen Wangen. Unterseite gelb mit schwarzem Mittelstrich, Rücken grünlich. **STIMME:**
Verwirrend abwechslungsreich, am auffälligsten ist ein rhythmisch wiederholtes „zi zi dä…"
(„Läuten"), das schon im Spätwinter erklingt.

VORKOMMEN

Fast überall, wo Bäume stehen. Anpassungs-
fähigste Meisenart.

WISSENSWERTES

Kohlmeisen sind vorwiegend Insektenfresser.
Unermüdlich picken sie an Stämmen und Ästen
oder suchen auf dem Boden und in der Kraut-
schicht nach Nahrung. Man kann sie deshalb als
Helfer bei der biologischen Schädlingsbe-
kämpfung nutzen. Durch Nistkästen kann ihre
Ansiedlung gefördert werden. Auch in der kalten
Jahreszeit stöbern Kohlmeisen überwinternde
Insekten und Spinnentiere auf. Zusätzlich
besuchen sie gerne Futterstellen. Auf Dauer
bekommt ihnen die einseitige Nahrung dort
jedoch nicht.

Kleiber

Sitta europaea

**L 14 CM
< SPERLING
GANZJÄHRIG**

MERKMALE

Einziger Vogel, der kopfabwärts klettert. Oben blaugrau, unten hell orangebraun, „pfiffiger" Augenstreif. Schwanz kurz. **STIMME:** Ruft laut und häufig „tuit tuit tuit…"

VORKOMMEN

Bevorzugt alte Bäume in Laub- und Mischwäldern, Friedhöfen und Parks. Dort vor allem an den Stämmen und größeren Ästen unterwegs, gelegentlich auch auf dem Boden.

WISSENSWERTES

Seinen Namen verdankt der Kleiber der Eigenart, die Einfluglöcher von Nisthöhlen mit Lehm so zu verkleben, dass kein größerer Vogel ihm den Brutplatz mehr streitig machen kann. Kleiberpärchen leben das ganze Jahr in ihrem Revier. Sie ernähren sich von Insekten und Samen, die sie oft in Rindenspalten klemmen und dann mit dem kräftigen Schnabel öffnen. In rauer Rinde zeugen im Herbst oft viele aufgemeißelte Samen von der Arbeit der Kleiber. Bei gutem Angebot legen sie Vorräte in Spalten an, die sie sorgsam zudecken.

Gartenbaumläufer *Certhia brachydactyla*

L 13 CM
< SPERLING
GANZJÄHRIG

Baumläufer

MERKMALE

Rindenfarbene Oberseite. Langer, feiner, gebogener Schnabel. Steifer Stützschwanz.

VORKOMMEN

Laub- und Mischwälder, Parks, Streuobstwiesen. Schätzt besonders Bäume mit rauer Borke, wie z.B. Eichen.

WISSENSWERTES

Klettert ruckartig an Stämmen empor und sucht dabei sämtliche Rindenspalten nach Insekten und Spinnen ab. Oben angekommen, fliegt er an die Basis des nächsten Baumes. Auch an der Unterseite waagerechter Äste kann er sich mit den extrem spitzen Krallen halten. Anders als der Kleiber klettert er aber nicht kopfabwärts. Fühlt er sich beobachtet, verschwindet der Gartenbaumläufer oft hinter dem Stamm. Erst 1820 wurde entdeckt, dass es bei uns zwei Baumläufer-Arten gibt. Den äußerst ähnlich gezeichneten Waldbaumläufer (der auch in Nadelwäldern brütet) kann man am leichtesten am Gesang vom Gartenbaumläufer unterscheiden.

Wintergoldhähnchen

Regulus regulus

L 9 CM
< SPERLING
GANZJÄHRIG

Zweigsänger

MERKMALE

Winzig (kleinster europäischer Vogel, im Sommer schlank, bei Kälte eher rundlich. Graugrün. Schwarz gesäumter gelber Scheitelstreif. Ständig in Bewegung. Öfters zu hören als zu sehen.
STIMME: Sehr hohes, scharfes „sisisi". Gesang ist eine galoppierende Folge unterschiedlich hoher Töne.

VORKOMMEN

Zur Brutzeit in Nadelwäldern (v.a. in Fichten). Zur Zugzeit können einem überall Wintergoldhähnchen begegnen, die oft wenig scheu sind.

WISSENSWERTES

Ohne Fichten keine Wintergoldhähnchen. Ihre zwischen Zweige eingewobenen Kugelnester bauen sie meist auf hohen Fichten. Auch zur Nahrungssuche ziehen die Vögel Fichten vor. Ihre Spezialität ist das Absuchen der Unterseite dichter Äste und der Zweigspitzen nach kleinen Insekten und Spinnen. Kleine Trupps aus rastlos hüpfenden, flatternden und pickenden Goldhähnchen arbeiten sich so systematisch durchs Geäst.

Zilpzalp

Phylloscopus collybita

L 11 CM
< SPERLING
MÄRZ — OKTOBER

Zweigsänger

MERKMALE

Sehr klein und schlank, dunkel graugrün mit hellem Überaugenstreif, Beine dunkel. Bestes Kennzeichen (und Unterscheidungsmerkmal gegenüber anderen Laubsängern) ist der Gesang. **STIMME**: Etwas unregelmäßig, monoton „zilp zalp zilp zalp".

VORKOMMEN

Häufiger Brutvogel in sonnigem Laub-, Misch- und Nadelwald, Parks.

WISSENSWERTES

Der Zilpzalp gehört zu den Frühheimkehrern. Wenn im März blühende Weiden Bienen und Fliegen anlocken, schlüpft auch der Weidenlaubsänger (sein anderer Name) durch die Zweige und erbeutet Insekten. Sobald die Blätter austreiben, ist er nicht mehr so leicht zu sehen. Sein Nest, einen kugeligen „Backofen" mit seitlichem Eingang, baut er am Boden. Immer wieder versuchen Zilpzalpe, in Mitteleuropa zu überwintern. Das gelingt ihnen meist am Wasser, wo sie sich von im Röhricht überwinternden Insekten und Spinnen ernähren.

Mönchsgrasmücke *Sylvia atricapilla*

Zweigsänger

L 14 CM
< SPERLING
MÄRZ – OKTOBER

MERKMALE

Grau, Männchen mit schwarzer („Schwarz-
plättchen"), Weibchen und Jungvögel mit rost-
brauner Kopfplatte. Im Gebüsch schwer zu entdecken, aber auffälliger Gesang. **STIMME**:
Strophen mit leisem Beginn und plötzlichem
laut flötenden Schluss. Warnruf „tack, tack",
wie zusammengeschlagene Kieselsteine.

VORKOMMEN

Häufigste Grasmückenart, brütet in Wäldern,
Gehölzen und Grünanlagen. Höchste Dichten in
Auwäldern und feuchten Laubwäldern.

WISSENSWERTES

Grasmücken sind „Buschschlüpfer", die auf der
Suche nach Insekten und Spinnen durchs Ge-
zweig huschen; im Herbst und Winter verzehren
sie auch Beeren. Viele Grasmücken-Arten überwintern im tropischen Afrika und nehmen im
Brutbestand ab. Die Mönchsgrasmücke dagegen
ist ein Kurzstreckenzieher, der zunehmend auch
nahe Überwinterungsgebiete in Westeuropa auf-
sucht. Zudem ist die Art sehr anpassungsfähig
und wenig störanfällig.

Zaunkönig

Troglodytes troglodytes

| L 10 CM
< SPERLING
GANZJÄHRIG

Zaunkönige

MERKMALE

Winziger brauner Vogel mit keck aufgestelltem kurzen Schwanz. Schnurrender Flug, der gleich wieder in Deckung führt. Nach den Goldhähnchen kleinster Vogel Europas. **STIMME**: Gesang eine erstaunlich laute Folge von klaren Tönen und Trillern, ganzjährig zu hören.

VORKOMMEN

Unterholzreiche, feuchte Wälder und Waldränder, Gebüsche, Parks und Gärten. Vor allem im Winter gerne in Gewässernähe.

WISSENSWERTES

Wie Mäuse huschen Zaunkönige im dichten Unterwuchs über den Boden. Mit dem spitzen Schnabel suchen sie in Ritzen und Spalten nach Insekten und Spinnen. Auch das kugelförmige Moosnest mit seitlichem Eingang findet man im Unterholz. Zu Beginn der Brutsaison baut das Männchen mehrere solcher Nester, von denen sich das Weibchen eines aussucht und auspolstert. Bei der Auf-zucht der Brut hilft das Männchen kaum – dafür hat es gelegentlich mehrere Weibchen.

Rotkehlchen

Erithacus rubecula

L 14 CM
< SPERLING
GANZJÄHRIG

Drosseln (Erdsänger)

MERKMALE

Olivbraune Oberseite, orangerote Stirn, Kehle und Brust. Wirkt niedlich durch aufrechte Haltung, rundliche Figur und große Augen. „Knickst" häufig. **STIMME**: Berühmt wegen seines wehmütig klingenden Gesangs, dessen Strophen mit hohen und reinen Tönen einsetzen und dann „herabperlen". Der Gesang ist fast das ganze Jahr über besonders in der Morgen- und Abenddämmerung zu hören.

VORKOMMEN

Brütet am Boden in feuchten und unterholzreichen Wäldern, Hecken, Gärten. Im Winter vermehrt in Siedlungen, auch an Futterstellen.

WISSENSWERTES

In Gärten ist es wenig scheu und pickt die beim Umgraben freigelegten Würmer und Insektenlarven fast vom Spaten. Obwohl Rotkehlchen überwiegend Zugvögel sind, kann man sie bei uns das ganze Jahr beobachten. Die im Winter nach Süden gewanderten mitteleuropäischen Brutvögel werden dann nämlich durch Rotkehlchen aus dem Norden vertreten.

Hausrotschwanz

Phoenicurus ochruros

L 14 CM
< SPERLING
MÄRZ – OKTOBER

**Drosseln
(Erdsänger)**

MERKMALE

Männchen schwärzlich mit weißem Flügelspiegel. Weibchen graubraun. Rostroter Schwanz.
STIMME: Kurze, gepresste, hauptsächlich aus vielen kratzigen Lauten bestehende Strophen.

VORKOMMEN

Ursprünglich felsige Gebirge, inzwischen überall in Siedlungen bis in die Großstädte.

WISSENSWERTES

Zusammen mit der Amsel beginnt der Hausrotschwanz schon lange vor Sonnenaufgang das morgendliche Vogelkonzert. Meist sitzt er dabei auf Dachfirst oder Antenne. Brutplätze sind meist Nischen an den Gebäuden. An glatten Fassaden kann man nachhelfen und einen offenen Nistkasten (Halbhöhlenkästen) aufhängen. Ihre Nahrung (Insekten) suchen Hausrotschwänze vor allem am Boden. Dort bewegen sie sich hüpfend, sitzen oft steil auf erhöhten Warten und „knicksen", häufig, gefolgt von einem leichten Schwanzzittern. Die meisten Hausrotschwänze ziehen im Winter weg, nur wenige bleiben.

Haussperling, Spatz

Passer domesticus

Sperlinge

L 15 CM
= SPERLING
GANZJÄHRIG

MERKMALE

Grau und braun. Männchen mit schwarzem Latz und grauem Scheitel. Weibchen und Junge braun mit hellem Augenstreif. **STIMME**: Lautes Tschilpen.

VORKOMMEN

Dörfer und Städte.

WISSENSWERTES

Spatzen haben im Gefolge des Menschen fast die ganze Erde erobert. Sie leben überall, wo Gebäude Nistmöglichkeiten bieten, ganzjährig Sämereien verfügbar sind und Grünflächen auch die zur Jungenaufzucht nötige Insektennahrung sicherstellen. Die Stadtzentren selbst sind heute fast verwaist; wo aber Parks oder Gärten sind, leben auch Spatzen. In ihren Trupps sind immer einige Vögel für die Sicherheit zuständig, während andere fressen, im Staub baden oder ausruhen. Haussperlinge, die etwas zum Fressen entdeckt haben, locken rufend die anderen, bevor sie selbst picken. Der Erfolg der Spatzen erklärt sich aus dem Leben im Trupp, ihrer „Frechheit" und ihrer großen Vorsicht.

Stieglitz, Distelfink

Carduelis carduelis

Finken

L 12 CM
< SPERLING
GANZJÄHRIG

MERKMALE

Zierlicher Fink. Fast mehr noch als durch seine bunte Färbung macht er durch seinen (von fliegenden Vögeln sehr häufig zu hörenden) Ruf auf sich aufmerksam. Leuchtend gelber Flügelstreif. Fast immer paarweise oder im Trupp.
STIMME: Hell „stigelitt".

VORKOMMEN

Hecken- und Gartenlandschaften, Streuobstwiesen, „Ödland" (z.B. Bahndämme, Brachäcker, Ufer).

WISSENSWERTES

Die leichten Finken sitzen meist auf ihren Futterpflanzen, wenn sie mit ihrem feinen, spitzen Schnabel geschickt die Samen aus den Blütenständen holen. Mit den Füßen ziehen sie sich Blütenköpfchen her und halten sie fest, während sie fressen. Disteln und Kletten schätzen sie im Herbst besonders. Wo reichlich Nahrung ist, treffen sich Distelfinken dann in großen Schwärmen. Im Winter spielen Erlen eine große Rolle, bevor im Frühjahr die ersten Löwenzahnsamen reif werden.

Buchfink

Fringilla coelebs

**L 15 CM
= SPERLING
GANZJÄHRIG**

Finken

MERKMALE

Männchen im Frühjahr bunt, mit blaugrauer Kappe, Weibchen schlichter. Zwei leuchtend weiße Flügelbinden und weiße Schwanzkanten fallen vor allem im Flug auf. **STIMME**: Ruft hell „pink" (= Fink). Wenn der schmetternde Reviergesang („Finkenschlag") ertönt, sitzen die Vögel meist gut sichtbar auf einem Ast.

VORKOMMEN

Sehr häufig. Fast überall, wo es Bäume gibt. Im Herbst oft zahlreich auf Feldern.

WISSENSWERTES

Buchfinken mit ihren kräftigen Kegelschnäbeln ernähren sich vor allem von Sämereien. Oft sind sie am Boden unterwegs; bei Gefahr flüchten sie in die Bäume. Dort bauen sie auch ihr kunstvolles Napfnest. Die Jungen werden mit Insekten (vor allem Raupen) gefüttert; die Eltern jagen jetzt fast nur in den Baumkronen. Im Herbst ziehen Buchfinken, oft in großen Trupps, nach Südwesten. Den Namen *„coelebs"* (ehelos) erhielt die Art, weil unter den Überwinterern die Männchen überwiegen.

Grünling

Carduelis chloris

L 15 CM
= SPERLING
GANZJÄHRIG

Finken

MERKMALE

Kräftiger Fink. Männchen im Frühling leuchtend grün, Weibchen bräunlicher. Beide mit (vor allem im Flug) auffallend gelber Flügel- und Schwanzzeichnung. Gesellig. **STIMME**: Kanarienvogelartige Triller und Roller.

VORKOMMEN

Halboffene Landschaften mit hohen Bäumen, Waldrändern und Feldgehölzen. In Siedlungen oft einer der häufigsten Brutvögel. Im Herbst auf Feldern und im Brachland. Überwinternde Vögel vermehrt in Ortschaften und dort am Futterhaus sehr streitlustig.

WISSENSWERTES

Schon früh im Jahr ertönt der Gesang, vorgetragen von einem Baum oder im Balzflug mit merkwürdigen, weit ausholenden und langsam rudernden Flügelschlägen. Grünfinken sind Vegetarier. Selbst die Jungen werden überwiegend mit weichen, unreifen Samen gefüttert, die (falls nötig) mit dem kräftigen Schnabel aus den Früchten geholt werden. Löwenzahn ist eine beliebte Kindernahrung.

Gimpel, Dompfaff

Pyrrhula pyrrhula

L 16 CM
< AMSEL
GANZJÄHRIG

Finken

MERKMALE

Rundliche Figur. Männchen mit leuchtend roter, Weibchen mit graubrauner Unterseite. Schwarze Kopfplatte und weißer Bürzel. **STIMME**: Sanftes, aber weit tragendes melancholisches „djü". Zur Brutzeit ist der Gimpel leichter zu hören als zu sehen.

VORKOMMEN

Brütet bevorzugt sehr versteckt in deckungsreichen (Fichten-) Wäldern. Im Winter überall in Gehölzen, gern auch am Futterhaus.

WISSENSWERTES

Gimpel fressen vor allem Samen, Blatt- und Blütenknospen. – Letzteres zum Leidwesen der Obstbauern, die dem Vogel deshalb zeitweise nachstellten. Seit der Sperber wieder häufiger ist, hat sich dieses Problem erledigt. Gimpel waren früher beliebte Stubenvögel. Da die Jungen ausschließlich vom Vater lernen, wie man singt, pfeifen handaufgezogene Vögel das, was man ihnen vormacht. Noch nach vielen Jahren beherrschen solche Vögel statt des Gimpel-Gesangs ihre Volkslied-Strophen.

Goldammer

Emberiza citrinella

L 16,5 CM
< AMSEL
GANZJÄHRIG

Ammern

MERKMALE

Gelber Kopf, braun gestreifter Rücken, zimtbrauner Bürzel und langer Schwanz mit weißen Kanten. Weibchen und Jungvögel sehr viel unauffälliger. **STIMME**: Ruft, wenn aufgeregt, nasal „zick". Der typische Gesang („Wie, wie, wie hab ich dich liiieeb!") ertönt selbst noch an heißen Sommertagen, wenn alle anderen Vögel schweigen.

VORKOMMEN

Bis vor kurzem noch eine „Allerweltsart" und häufiger Brutvogel in Hecken und Feldgehölzen der Agrarlandschaft, auch auf Kahlschlägen und jungen Schonungen. Inzwischen durch die Ausräumung der Landschaft und veränderte Bewirtschaftung stark abnehmend.

WISSENSWERTES

Singt meist von einer erhöhten Warte aus. Während der Brutzeit wird so ein Revier markiert. Im Herbst und Winter sind Goldammern gesellig. Auf Saat- und Stoppelfeldern, an Ställen und Scheunen sammeln sich kleine Trupps, um dort nach Körnern zu suchen.

Mehlschwalbe
Delichon urbica

L 13 CM
< SPERLING
APRIL — OKTOBER

Schwalben

MERKMALE
Oben glänzend blauschwarz mit leuchtend weißem Bürzel, unterseits mehlweiß. Schwanz schwach gegabelt. Flug zappeliger als der der Rauchschwalbe, aber mit langen Gleitstrecken.
STIMME: Flugruf laut „prrüd".

VORKOMMEN
Siedlungen. Nistet oft kolonieartig an Häusern, meist unter dem Dachtrauf.

WISSENSWERTES
Da sie außen an Gebäuden brütet, ist die Mehlschwalbe weniger von der Landwirtschaft abhängig als die Rauchwalbe. Ihre halbkugeligen Lehmnester mit der kleinen Öffnung sind auch mitten in Städten zu finden. Vorgefertigte Schwalbennester helfen bei Wohnungsnot infolge Mangels an Baumaterial. Insektenjäger, der oft in großer Höhe vor allem Fliegen und Mücken erbeutet. Nestjunge fressen sich dick und können so Nahrungsknappheit überbrücken. Tagelange Schlechtwetterphasen überstehen sie eng aneinander gekuschelt in Energie sparender Kältestarre.

Rauchschwalbe

Hirundo rustica

L 20 CM

< AMSEL

APRIL — OKTOBER

Schwalben

MERKMALE

Oben metallisch blau, unten hell, Kehle rotbraun. Lange Schwanzspieße (fehlen den Jungen). Schnell dahinschießender, „flapsiger" Flugstil.

VORKOMMEN

Dörfer. Brut fast nur innerhalb von Gebäuden, bevorzugt in Ställen.

WISSENSWERTES

Zwar macht „eine Schwalbe noch keinen Sommer", aber ein Frühlingsbote ist die erste Schwalbe doch. Ihr Nest baut sie aus eingespeichelten Erdklümpchen entweder frei an der Wand oder auf einen Vorsprung (oder ein Nistbrettchen). In 2–3 Bruten werden je etwa 5 Junge großgezogen. Wohnungsprobleme entstehen durch moderne, verschlossene Ställe und fehlendes Baumaterial, wenn sämtliche Plätze und Wege asphaltiert werden. Nahrung sind im Flug erbeutete Insekten. Außerhalb der Brutzeit sehr gesellig, oft große Schwärme in nahrungsreichen Schilfgebieten. Auch im tropischen Winterquartier Massenansammlungen.

Mauersegler

Apus apus

L 17 CM
< AMSEL
MAI – SEPTEMBER

Segler

MERKMALE

Schwärzlich, kurz gegabelter Schwanz und extrem lange, schmale sichelförmige Flügel, Spannweite 45 cm. **STIMME**: Schrille Schreie: „sriiih".

VORKOMMEN

Brütet in Städten in Mauerlöchern oder unter Dächern. Die Jagdflüge führen aber weit hinaus, so dass Mauersegler überall beobachtet werden können.

WISSENSWERTES

Ein echter Luftikus, der (außer zur Brut) selten Kontakt zum Untergrund hat. Er ernährt sich von „Luftplankton", Insekten und Spinnen, die er mit seinem käscherartig großen Maul einsammelt. Wenn Nahrung bei schlechtem Wetter knapp wird, fliegen Mauersegler schon mal eben ans Mittelmeer, um sich dort zu versorgen. Das Barometer haben die Vögel eingebaut: Sie sind oft schon unterwegs, bevor das Wetter schlecht wird. Ihre Jungen fallen einstweilen in einen Energie sparenden Hungerschlaf und können so tagelang überleben.

Eisvogel

Alcedo atthis

L 17 CM
< AMSEL
GANZJÄHRIG

Eisvögel

MERKMALE

„Fliegender Edelstein", oben leuchtend blau, unten orange. Mächtiger Schnabel, kleine Füße und kurzer Schwanz. **STIMME**: Durchdringendes, hohes „ti-iht".

VORKOMMEN

Brütet in selbst gegrabenen Röhren in Abbruchkanten, oft direkt über dem Wasser (meist Fließgewässer, aber auch Seen, Teiche oder Kiesgruben).

WISSENSWERTES

Oft macht erst der schrille Ruf auf den pfeilschnell übers Wasser schießenden Vogel aufmerksam. Dann wieder sitzt er stundenlang auf einem Ast über dem Wasser und lauert auf kleine Fische und Wasserinsekten, die er stoßtauchend erbeutet. Direkte Verfolgung des „Fischräubers", Flussverbauungen und Wasserverschmutzung haben den Eisvogel selten werden lassen. Auch ist er, trotz seines Namens, kein Freund des Eises. Harte Winter, die alle Gewässer zufrieren lassen, können den Bestand stark dezimieren.

Bachstelze

Motacilla alba

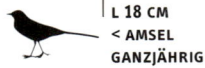

L 18 CM
< AMSEL
GANZJÄHRIG

Stelzen

MERKMALE

Zierlich. Zur Brutzeit schwarz-weiß mit grauem Rücken. Wippt häufig mit dem langen Schwanz. Läuft schnell, hüpft nicht. Fliegt wellenförmig und ruft oft dabei. **STIMME**: Laut zweisilbig „zilip".

VORKOMMEN

Ursprünglich vor allem Schotterbänke und steinige Flussufer, jetzt überall in der offenen Landschaft, wenn vegetationsarme Stellen zur Nahrungssuche und Brutplätze zur Verfügung stehen. Nach wie vor aber gerne am Wasser.

WISSENSWERTES

Als Kulturfolger bauen Bachstelzen ihre unordentlichen Nester häufig in Nischen an Gebäuden. Oft sitzen sie dann rufend auf den Dächern. Ihrer Nahrung (Insekten) stellen sie dagegen am Boden nach. Dabei rennen sie oft sehr emsig hin und her, wobei der lange Schwanz ständig in Bewegung ist. Fliegende Insekten werden mit kurzen Flattersprüngen oder in kleinen Flugjagden erbeutet. Teilzieher, überwintert in geringer Zahl.

Feldlerche

Alauda arvensis

L 18 CM	**Lerchen**
< AMSEL	
GANZJÄHRIG	

MERKMALE

Braun gestreifter, kräftiger Bodenvogel mit kleiner aufstellbarer Federhaube. Lange und breite Flügel mit schmalem weißen Hinterrand. Weiße Schwanzkanten. **STIMME**: Gesang sehr abwechslungsreich, kaum Pausen.

VORKOMMEN

Offene Feldflur. Nistet am Boden in Wiesen, Weiden und Äckern.

WISSENSWERTES

Trotz starken Rückgangs immer noch häufigster Vogel der Feldflur. Intensive Bewirtschaftung, aufgrund stärkerer Düngung dichtere Vegetation, fehlende Feldraine und asphaltierte Feldwege sorgen aber schon in vielen Gebieten für einen „stummen Frühling". Bei uns meist Zugvögel (wenige überwintern), kehren die Lerchen schon ab Ende Februar zurück. Minutenlang „hängen" die Männchen über ihren Revieren tirilierend in der Luft. Dann lassen sie sich wie ein Stein fallen. Im Winter dienen Körner und Samen, im Sommer auch Insekten, Spinnen und Würmer als Nahrung.

Buntspecht

Picoides major

L 23 CM
< AMSEL
GANZJÄHRIG

Spechte

MERKMALE

Schwarz-weiß mit rotem Unterschwanz. Männchen mit kleinem roten Nackenfleck. Jungvögel mit rotem Scheitel. Flug wie bei allen Spechten wellenförmig. **STIMME**: Lautes „kicks", Trommeln.

VORKOMMEN

Laub- und Nadelwälder, Streuobstwiesen, Parks, Friedhöfe und Gärten.

WISSENSWERTES

Häufigster einheimischer Specht. Brütet in selbst gezimmerten Baumhöhlen, die später zahlreichen anderen Höhlenbrütern Wohnraum bieten. Die Trommelwirbel dienen der Revierabgrenzung. Nicht nur Äste und Stämme, sondern auch Masten und Fallrohre verstärken dabei den Klang. Nahrungssuchende Spechte legen kräftig hackend holzbewohnende Insekten(larven) frei, die mit der langen, harten und klebrigen Zunge aufgespießt werden. Im Winter ernten Buntspechte Zapfen und klemmen sie in Holz- und Rindenspalten ein, um sie bearbeiten und die Samen fressen zu können.

Star

Sturnus vulgaris

| L 21 CM
< AMSEL
GANZJÄHRIG

Stare

MERKMALE

Schwarz schillernd, außerhalb der Brutzeit hell geschuppt („Perlstar"), im Brutkleid nur mit kleinen Flecken. Jungvögel fast einfarbig hellbraun. Rascher geradliniger Flug auf dreieckigen Flügeln. Gesellig, auch zur Brutzeit selten allein.

VORKOMMEN

Anpassungsfähiger Kulturfolger, fehlt nur in ausgedehnten Wäldern. Selbst in baumlosen Gegenden siedelt sich der Höhlenbrüter an, wenn man Nistkästen anbietet.

WISSENSWERTES

In milden Wintern ganzjährig zu beobachten. Oft in riesigen Schwärmen im Schilf oder auch in Großstädten nächtigend. Größerer Kälte weichen die Stare nach (Süd-) Westen ziehend aus. Ab Februar wieder da und dann flügelschlagend und mit quietschendem Gesang vor Bruthöhlen singend. Stare sind viel am Boden unterwegs. Dort sucht oft ein ganzer Trupp dicht geschlossen und schnell schreitend (nicht hüpfend wie Amseln) emsig nach Nahrung (Würmer, Insekten, Früchte und Samen).

Amsel

Turdus merula

L 25 CM
= AMSEL
GANZJÄHRIG

Drosseln

MERKMALE

Männchen schwarz mit gelbem Schnabel und Augenring, Weibchen braun. **STIMME**: Der wunderbar flötende Gesang ertönt schon vor Sonnenaufgang. Ein krasser Gegensatz dazu ist das zeternde Schimpfen streitender Amseln oder das minutenlange „tix tix" beunruhigter Vögel.

VORKOMMEN

Ursprünglich reiner Waldvogel, seit etwa 150 Jahren Umzug in Siedlungen.

WISSENSWERTES

Die Amsel ist *der* Gartenvogel schlechthin. Ihre Nahrung (Würmer, Schnecken, Insekten, Früchte) sucht sie meist am Boden. An den unmöglichsten Stellen kann man ihre außen aus Zweigchen und gröberen Halmen gebauten und innen mit Lehm ausgeschmierten und anschließend gepolsterten Nester finden. Lieblings-Brutplätze sind aber begrünte Fassaden und immergrüne Gehölze. Dort sitzen die Amseln oft schon im Februar auf den Eiern und schaffen es dann, 3–4 Bruten großzuziehen – wesentlich mehr als die „Waldamseln".

Wacholderdrossel *Turdus pilaris*

**L 25 CM
= AMSEL
GANZJÄHRIG**

MERKMALE

Bunte Drossel: blaugrauer Kopf und Bürzel, rotbrauner Rücken, schwarzer Schwanz, gefleckte
Unterseite und weiße Unterflügel. Sehr gesellig.
STIMME: Laute, häufig zu hörende Rufe „schack-
schack-schack".

VORKOMMEN

Brutplätze sind Auwälder, Waldränder, Parks,
Streuobstwiesen oder Alleen. Nahrung (Würmer,
Schnecken, Insekten und Früchte) suchen die
Wacholderdrosseln überwiegend am Boden, oft
auf Wiesen.

WISSENSWERTES

Die aus der sibirischen Taiga stammende Wachol-
derdrossel hat früher nicht in Mitteleuropa gebrü-
tet. Seit etwa 200 Jahren breitet sie sich nach
Westen aus (ein immer noch anhaltender Vorgang). Die Drosseln brüten häufig in lockeren
Kolonien. Die großen, aus Grashalmen gebauten
und mit Lehm ausgestrichenen Nester sind oft
kaum versteckt. Sie werden gemeinsam verteidigt. Nestplünderer werden attackiert, gezielt
bekotet und dadurch vertrieben.

Türkentaube

Streptopelia decaocto

L 32 CM
< KRÄHE
GANZJÄHRIG

Tauben

MERKMALE

Kleine, langschwänzige, hell altrosa gefärbte Taube mit schwarzem Halsring. Auffällige, steil aufwärts führende Balzflüge mit anschließendem Gleitflug mit stark gespreiztem Schwanz.
STIMME: Dreisilbiger Ruf, dumpf „ku-kuuh-ku", im Flug oft ein gedämpft-kreischendes „chräih".

VORKOMMEN

Eng an den Menschen gebundener, häufiger Stadt- und Dorfvogel, der nur selten außerhalb von Ortschaften und Wohngebieten zu sehen ist. Vor allem dort, wo ein reiches Nahrungsangebot herrscht: Bauernhöfe, Getreidesilos und Parkanlagen.

WISSENSWERTES

Türkentauben brüten in Deutschland erst seit 1944. Innerhalb weniger Jahrzehnte (seit etwa 1930) hat sich die Türkentaube von Südosten her über fast ganz Europa ausgebreitet. Zahlreiche Nachkommen (mehrere Bruten pro Jahr) und eine geringe Geburtsorttreue haben diesen Vorgang sicher erleichtert (ohne ihn ganz erklären zu können).

Straßentaube

Columba livia f. *domestica*

L 33 CM
< KRÄHE
GANZJÄHRIG

Tauben

MERKMALE

Sehr variabel. Wildfarbene Vögel grau mit zwei breiten schwarzen Flügelbinden.

VORKOMMEN

Städte, Dörfer, auch an Einzelgebäuden (Burgen, Brücken).

WISSENSWERTES

Stammform der Straßentaube ist die (bei uns nicht heimische) Felsentaube. Schon vor 6.500 Jahren wurden Haustauben gezüchtet. Heute sind Straßentauben (verwilderte Haustauben und verstädterte Felsentauben) *die* Großstadtvögel schlechthin. Mitten in den Stadtzentren erreichen sie ihre höchste Dichte. Fütternde Tierfreunde sorgen für Nahrung. Als gesellige „Felsen"-Brüter, die selbst in den Wintermonaten brüten, finden die Tauben in Mauerlöchern und Nischen reichlich Nistplätze. An Versuchen, die Tauben (wegen des Taubendrecks) zu vertreiben, mangelt es nicht. Größer als der Einfallsreichtum der Taubenbekämpfer aber scheint die Fähigkeit der Tauben, trotzdem zu überleben.

Ringeltaube

Columba palumbus

L 41 CM
< KRÄHE
GANZJÄHRIG

Tauben

MERKMALE

Größte Taube. Weiße Halsflecken (fehlen den Jungtieren noch) und auffälliger weißer Flügelstreifen. Klatschende Flügelschläge beim Starten. **STIMME**: Mehrsilbiger Balzruf, hohl gurrend „gru gruuh gru gru ru".

VORKOMMEN

Wälder, Feldgehölze, Parks, in vielen Gegenden (vor allem in Norddeutschland) selbst in Großstädten, wo sie gemeinsam mit anderen Taubenarten zu sehen ist.

WISSENSWERTES

Balzende Ringeltauben steigen mit klatschenden Flügeln steil auf, um dann wieder herabzugleiten. Sie brüten in unordentlichen Nestern aus Zweigen. Nahrung suchen Ringeltauben überwiegend am Boden: Früchte, Samen, Blätter. Eine große Rolle spielen vor allem Eicheln, Bucheckern und Getreidekörner. Am Nistplatz einzeln oder paarweise, sonst (auch während der Brutzeit) gesellig. Ziehende Schwärme bestehen oft aus mehreren hundert Vögeln.

Kuckuck

Cuculus canorus

Kuckucke

L 33 CM
< KRÄHE
APRIL — SEPTEMBER

MERKMALE

Grau (selten rotbraun), mit fein quer gestreifter Unterseite. Im Flug an kleinen Greifvogel erinnernd: schlank, spitze Flügel, langer Schwanz. **STIMME**: Unverwechselbarer Ruf der Männchen: „kuck-kuck".

VORKOMMEN

Vom Meeresstrand bis ins Hochgebirge mit einer Vorliebe für lichte Wälder und deckungsreiche, halboffene Landschaften.

WISSENSWERTES

Ihre Lieblingsnahrung sind Schmetterlingsraupen, auch behaarte, die von anderen Vögeln verschmäht werden. Nach der Rückkehr aus dem tropischen Afrika widmen sich die Frühlingsboten der Fortpflanzung. Sie lassen ihre Brut von anderen Vögeln großziehen. Wie das (erstaunlich kleine) Kuckucksei gefärbt ist und bei welcher Singvogelart es ins Nest geschmuggelt wird, ist im Erbgut des Kuckuck-Weibchens festgelegt. Es kann über 20 Eier legen und muss für jedes einzelne rechtzeitig ein Wirtsvogelnest finden.

Kiebitz

Vanellus vanellus

L 30 CM
< KRÄHE
GANZJÄHRIG

Regenpfeifer

MERKMALE

Schwarz-weiß gefärbter Watvogel mit grünlichem Schiller. Im Prachtkleid langer dünner Federschopf. Lange, breite, vorne abgerundete Flügel. Männchen balzen mit akrobatischen Flugspielen und weit hörbaren Flügelschlägen.
STIMME: Laut und klagend „kiewit".

VORKOMMEN

Übersichtliche, flache und offene Landschaften mit kurzer, lückenhafter Vegetation: Feuchtflächen, Wiesen, Äcker.

WISSENSWERTES

Früher wurden viele Eier als Delikatesse gesammelt. Heute gefährden Trockenlegung von Feuchtgebieten und intensive Landwirtschaft den bodenbrütenden Kiebitz. Das geschlossene, im Frühjahr schnell wachsende Pflanzenkleid gedüngter Fettwiesen kostet vor allem in nassen Jahren vielen Küken das Leben: Hier ist es oft kalt und klamm, und Insekten als Nahrung sind knapp. Die „Flucht" der Kiebitze auf die Äcker erwies sich als Sackgasse. Der Bruterfolg ist auch dort sehr gering.

Austernfischer

Haematopus ostralegus

L 43 CM
< KRÄHE
GANZJÄHRIG

MERKMALE

Kräftiger Watvogel in „Storchfarben": schwarz-weiß, langer roter Schnabel, rosarote Beine. Breite weiße Flügelbinde. **STIMME**: Sehr laut, mit durchdringenden „kwie-wiep"-Rufen.

VORKOMMEN

Überwiegend an Meeresküsten (Nordsee), seltener im Binnenland. Bevorzugte Brutgebiete sind Salzwiesen und Dünen. Große Schwärme im Wattenmeer außerhalb der Brutzeit.

WISSENSWERTES

Wie viele Watvögel legt der Austernfischer seine gut getarnten Eier in eine offene, oft mit Muscheln ausgekleidete Nestmulde. Wer ins Brutrevier eindringt, wird mit ohrenbetäubendem Geschrei empfangen. Die Jungen sind zwar Nestflüchter, müssen aber noch gefüttert werden. Später stochern sie selbst nach Würmern oder lernen von ihren Eltern, Muscheln aufzuhämmern oder aufzustemmen. Erst im Alter von drei Jahren brüten sie selbst. Ihrem Partner bleiben sie oft ein Leben lang treu, und das kann über 30 Jahre währen!

Lachmöwe

Larus ridibundus

L 38 CM
< KRÄHE
GANZJÄHRIG

Möwen

MERKMALE

Weiß mit hellgrauem „Mantel" und schwarzen Flügelspitzen. Jungvögel mit bräunlicher Oberseite und schwarzer Schwanzbinde. Im Prachtkleid dunkelbraune Kapuze, im Winter nur dunkler Ohrfleck. Schnabel schlank und wie die Füße dunkelrot.

VORKOMMEN

Brütet in großen Kolonien an pflanzenreichen Seen des Binnenlandes, seit einigen Jahrzehnten aber auch verstärkt an Meeresküsten. Nahrungssuche abseits der Kolonien, oft fernab vom Wasser. Außerhalb der Brutzeit häufig an Müllplätzen und in Städten.

WISSENSWERTES

Lachmöwen sind die häufigsten Möwen des Binnenlandes. Sie sind sehr anpassungsfähig, fressen (fast) alles und entdecken neue Nahrungsquellen sehr schnell. Vermutlich hat das dazu beigetragen, dass die Bestände stark gestiegen sind. Im Schutz der Möwenkolonie brüten oft auch andere, seltene Arten wie Schwarzhalstaucher oder Enten.

Teichhuhn

Gallinula chloropus

L 33 CM
< KRÄHE
GANZJÄHRIG

Rallen

MERKMALE

Dunkler Körper mit weißem Seitenstreif und zwei weißen „Rücklichtern", die besonders auffallen, weil Teichhühner beim Laufen wie beim Schwimmen häufig mit dem Schwanz zucken. Schnabel bei Altvögeln rot und gelb. Füße grünlich. **STIMME**: Laut und durchdringend „pjürrrk".

VORKOMMEN

Uferzonen der Binnengewässer, wo es im Wasser schwimmt und geschickt durch das Röhricht steigt oder im Weidegebüsch herumklettert.

WISSENSWERTES

Teichhühner haben in den letzten Jahrzehnten die Vorteile des Stadtlebens entdeckt. In Parks sind die sonst eher heimlichen Vögel wenig scheu und bauen selbst ihre Nester manchmal offen sichtbar. Fehlende Feinde und gute Futterversorgung auch in harten Wintern dürften hierbei eine Rolle spielen. Außerhalb der Städte scheinen Teichhühner durch Störungen am Brutplatz und Lebensraumvernichtung seltener zu werden.

Blässhuhn *Fulica atra*

L 37 CM
< KRÄHE
GANZJÄHRIG

Rallen

MERKMALE

Rundlich, schwarz mit weißem Schnabel und Stirnschild. Kurze Flügel und große Füße mit Schwimmlappen. Liegt hoch im Wasser und nickt beim Schwimmen ständig mit dem Kopf. Taucht mit Kopfsprung. Rennt bei den häufigen Revierstreitigkeiten oft flügelschlagend platschend übers Wasser. **STIMME**: Laut hupend „köw", scharf „pix".

VORKOMMEN

Stehende oder langsam fließende, nährstoffreiche Binnengewässer, auch in Stadtparks. Ufervegetation muss vorhanden sein, in der das große, aus Schilf oder anderen Halmen gebaute Nest verankert werden kann.

WISSENSWERTES

Blässhühner gehören zu den häufigsten und auffälligsten Wasservögeln. Zur Brutzeit sind sie streng territorial und streiten ständig. Mit vorgestrecktem Hals, leuchtender Blässe und aufgestellten Flügeln schwimmen sie aufeinander zu. Außerhalb der Brutzeit bilden Blässhühner dagegen große Schwärme.

Waldkauz

Strix aluco

L 38 CM
< KRÄHE
GANZJÄHRIG

MERKMALE

Recht große Eule mit brauner oder grauer Rindenfärbung. Großer runder Kopf ohne Federohren, dunkle Augen. **STIMME**: Balzruf (schon im Winter) langgezogen und tremolierend endend „huuh, hu, hu, hu, huuuu". Außerdem ist oft ein grelles „kuwitt" zu hören, früher oft als „komm mit" gedeutet und daher für den Ruf des Kauzes als Totenvogel mit verantwortlich.

VORKOMMEN

Laub- und Mischwälder, Parks und Friedhöfe, auch in Gärten und größeren Städten, wenn alte Bäume (in denen er brütet) vorhanden sind.

WISSENSWERTES

Der Waldkauz, die häufigste Eule Mitteleuropas, ist dämmerungs- und nachtaktiv. Er jagt meist von Sitzwarten aus, seltener im Suchflug. Sein Beutespektrum ist sehr vielseitig (unter anderem Mäuse und Spitzmäuse, Vögel, Fledermäuse, Fische, Amphibien, Insekten, Regenwürmer), so dass der Waldkauz weniger als viele andere Eulen vom Mäusebestand abhängig ist.

Turmfalke

Falco tinnunculus

L 35 CM
< KRÄHE
GANZJÄHRIG

Falken

MERKMALE

Kleiner, spitzflügeliger und langschwänziger Falke. Männchen bunt mit grauem Kopf, grauem Schwanz mit Endbinde und rotbraunem „Mantel". Weibchen rotbraun, dunkel gebändert. Kennzeichnender Rüttelflug, bei dem der Falke auf der Stelle steht und nach unten späht.
STIMME: Laut und durchdringend „kikikiki...", vor allem in der Nähe des Brutplatzes.

VORKOMMEN

Überall in der offenen Kulturlandschaft, lediglich völlig ausgeräumte Agrarsteppen werden gemieden. Nistplätze an Gebäuden, an Felswänden und in alten Krähennestern auf Bäumen. Mit Nistkästen kann die Ansiedlung von Turmfalken gefördert werden.

WISSENSWERTES

Unser häufigster Falke, der selbst mitten in der Großstadt brütet, auch wenn er dann weite Wege zu seinen Jagdgründen zurücklegen muss. Von Ansitzwarten oder (häufiger) aus dem Rüttelflug erbeutet er vor allem Feldmäuse, aber auch Vögel sind vor ihm nicht sicher.

Sperber

Accipiter nisus

L 28 – 38 CM
< KRÄHE
GANZJÄHRIG

Greifvögel

MERKMALE

Kleiner Greifvogel mit kurzen runden Flügeln und langem Schwanz. Unterseite „gesperbert" (fein quer gestreift). Alte Männchen oberseits blaugrau, Weibchen und Jungvögel braun. Rasanter Flug mit raschen Flügelschlägen und kurzen Gleitstrecken.

VORKOMMEN

Wälder, hecken- und gehölzreiche Feldfluren, Parks, Gärten. Nest auf Bäumen (oft Fichten).

WISSENSWERTES

Sperber sind, nachdem sie früher als „Vogelmörder" stark verfolgt worden waren, wieder häufiger. Trotzdem sieht man sie nicht oft: Sie jagen „aus dem Hinterhalt", schießen bei der Verfolgung von Kleinvögeln mit atemberaubender Geschicklichkeit um Hindernisse und sind gleich wieder verschwunden. Weibchen sind viel größer und fast doppelt so schwer wie Männchen. Sie können deshalb auch größere Beute schlagen (Tauben, Eichelhäher und sogar Krähen), während Männchen das Sperlings- und Drosselformat bevorzugen.

Eichelhäher

Garrulus glandarius

L 35 CM
< KRÄHE
GANZJÄHRIG

Rabenvögel

MERKMALE

Bunt mit blauschwarz gestreiftem Seitenfleck und schwarzem Bartstreifen. Im Flug auffallend weißer Bürzel und Flügelflecke. Schlüpft durchs Gebüsch oder fliegt schwerfällig, mit kurzen runden Flügeln unregelmäßig schlagend, flach von Baum zu Baum. **STIMME**: Lauter, heiser kreischender Alarmruf „räätsch", der auch andere Tiere aufmerken lässt („Wächter des Waldes").

VORKOMMEN

Waldvogel, vor allem im Herbst und Winter auch in Obstwiesen und Parks.

WISSENSWERTES

Trägt seinen Namen zu Recht: Eichelhäher fressen viele Eicheln und legen sich auch umfangreiche Wintervorräte an. Eicheln, Haselnüsse oder Bucheckern werden dazu versteckt, auch einzeln. Ein Häher kann tausende Eicheln vergraben, die später zum Teil keimen („Gärtner des Waldes"). Während der Brutzeit fressen die Häher vor allem Kleintiere, gelegentlich auch Eier und Jungvögel.

Elster

Pica pica

**L 45 CM
< KRÄHE
GANZJÄHRIG**

Rabenvögel

MERKMALE

Kontrastreich schwarz-weiß mit sehr langem Schwanz. Kurze, runde Flügel. Kräftiger Schnabel. Auffälliges, überdachtes Kugelnest aus Reisig. **STIMME**: Lautes Schackern.

VORKOMMEN

In offener, mit Gebüschen und Gehölzen durchsetzter Landschaft, immer mehr auch in Siedlungen. Außerhalb der Ortschaften nehmen die Bestände aber oft ab.

WISSENSWERTES

Elstern sind Allesfresser: Insekten, Regenwürmer, kleine Wirbeltiere, Früchte, Aas oder Küchenabfälle vom Komposthaufen stehen auf dem Speiseplan. Ihren schlechten Ruf verdanken sie der Plünderung von Vogelnestern. Elstern können in einzelnen Gebieten ganz schön „abräumen". Besonders die Amseln leiden unter ihnen. Aber gerade sie gehören ja nicht zu den abnehmenden Arten – ganz im Gegenteil! Also: Kein Grund zur Elsternjagd. Untersuchungen haben belegt, dass Elstern keine langfristigen Schäden anrichten.

Aaskrähe

Corvus corone

| L 47 CM
= KRÄHE
GANZJÄHRIG

Rabenvögel

MERKMALE

Zwei Unterarten. Im westlichen Europa brütet die Rabenkrähe („rabenschwarz", bei Sonne mit blauem Schimmer), weiter östlich die Nebelkrähe (grauer Körper, Kopf, Schwingen und Schwanz schwarz). Kräftiger, schwarzer Schnabel. **STIMME:** Ruft laut krächzend „kraa".

VORKOMMEN

Waldränder und Gehölze der offenen Landschaft, auch in Parks, gelegentlich sogar verstädtert.

WISSENSWERTES

Krähen legen Wert auf Überblick. Ihre großen stabilen Nester bauen sie hoch in die Bäume. Nicht selten dienen diese in den Folgejahren selteneren Arten als Brutplatz (z.B. Waldohreule, Baumfalke). Ihre Nahrung suchen die Allesfresser häufig am Boden; oft sind sie dabei einzeln oder paarweise unterwegs. Männchen und Weibchen bleiben ganzjährig zusammen und verteidigen ein großes Revier. Die winterlichen Krähenschwärme werden meist von den nah verwandten Saatkrähen gebildet.

Mäusebussard

Buteo buteo

L 55 CM
> KRÄHE
GANZJÄHRIG

Greifvögel

MERKMALE

Färbung sehr variabel von dunkelbraun bis fast weiß. Segelt gut. Flugbild: kurzer Kopf, breite Flügel mit hellem Fleck und kurzer, breiter, gebänderter Schwanz. Spannweite 120 cm. Während der Balz auffällige Flugspiele und laute Rufe. **STIMME**: Katzenartig miauendes „hijäh".

VORKOMMEN

Der häufigste Greifvogel seiner Größe, sowohl in offener Landschaft als auch im Wald. Vom Flachland bis ins Gebirge verbreitet.

WISSENSWERTES

Auch wenn die Nester im Wald liegen, jagen Mäusebussarde bevorzugt dort, wo ein kurzes oder schütteres Pflanzenkleid den Blick auf ihre Lieblingsbeute, die Feldmaus, nicht versperrt. Der Bussard stößt meist vom Ansitz oder aus einem langsamen Spähflug heraus schräg zu Boden und ergreift seine Beute mit den Fängen. Auch Aas wird nicht verschmäht, ein Grund, weshalb Mäusebussarde oft auf Bäumen entlang der Straßen sitzen.

Reiherente

Aythya fuligula

L 45 CM
< KRÄHE
GANZJÄHRIG

Entenvögel

MERKMALE

Erpel im Prachtkleid schwarz mit weißen Flanken, „Reiherschopf" und leuchtend gelben Augen. Weibchen braun mit eckigem Kopf. Im Flug: weißer Bauch, weißer Flügelstreif.

VORKOMMEN

Seen (auch Stauseen), Teiche und langsam fließende Flüsse mit genügend Pflanzenwuchs am Ufer. Nest meist auf kleinen Inseln. Im Winter in oft großen Trupps auf Binnenseen und Meeresbuchten.

WISSENSWERTES

Die Reiherente ist eine Tauchente. Mit einem kleinen Sprung verschwindet sie unter der Oberfläche und sucht am Boden des Gewässers nach Schnecken und Muscheln. Zusammen mit Reiherenten sieht man oft Tafelenten, deren Erpel einen rostbraunen Kopf und einen hellgrauen Körper mit schwarzer Brust und schwarzem „Heck" haben. Beide Arten waren als Brutvögel bei uns früher sehr selten, haben aber ihr Verbreitungsgebiet im 20. Jahrhundert nach Mitteleuropa ausgeweitet.

Stockente

Anas platyrhynchos

L 60 CM
> KRÄHE
GANZJÄHRIG

Entenvögel

MERKMALE

Männchen im Prachtkleid mit gelbem Schnabel, grün schillerndem Kopf, weißem Halsring und „Erpellocke" am Schwanz, im Schlichtkleid (Sommer/Frühherbst) dem braunen Weibchen ähnelnd. Blauer, weiß gesäumter Flügelspiegel.

VORKOMMEN

Fast überall, wo Wasser ist. Gelegentlich auch weitab vom Wasser, z.B. auf Stoppelfeldern. Nester gut getarnt am Boden oder in Baumhöhlen (dann müssen die Jungen springen).

WISSENSWERTES

Im Binnenland die größte und häufigste Entenart. Von der Stockente stammen sowohl die weißen Hausenten als auch die oft buntscheckigen Enten der Stadtparks ab, die dort zusammen mit wildfarbenen Vögeln leben. Stockenten gehören zu den Schwimmenten, die ihre Nahrung an der Wasseroberfläche, unter Wasser gründelnd oder an Land suchen. Vor allem während der Brutzeit wird die pflanzliche Kost durch Schnecken, Insektenlarven und Kleinkrebse ergänzt.

Höckerschwan

Cygnus olor

L 150 CM
> KRÄHE
GANZJÄHRIG

Entenvögel

MERKMALE

Weiß. Langer, gebogener Hals. Orangeroter
Schnabel mit schwarzem Höcker. Jungtiere meist
graubraun. Fliegende Höckerschwäne sind
schon von weitem am laut rauschenden Flügelschlag zu erkennen.

VORKOMMEN

Die meisten Vorkommen gehen auf Aussetzung
zurück. Heute gibt es keinen Stadtpark ohne
Höckerschwäne. Darüber hinaus sind sie an
Binnengewässern weit verbreitet.

WISSENSWERTES

Höckerschwäne sind Vegetarier, die sich von
Wasserpflanzen ernähren. Mit dem langen Hals
können sie gründelnd fast 1,5 m Tiefe erreichen.
Außerdem weiden sie auch Gras. Die großen
Nester werden (manchmal kolonieartig) am Ufer
angelegt und selbst gegen Menschen verteidigt.
Mit 8–12 kg Gewicht gehört der Höckerschwan
zu den schwersten flugfähigen Vögeln. Sehr
eindrucksvoll, wenn er mit leicht gelüfteten
Flügeln imponierend auf einen Widersacher
zuschwimmt.

Haubentaucher

Podiceps cristatus

L 48 CM
> KRÄHE
GANZJÄHRIG

Lappentaucher

MERKMALE

Tief im Wasser liegender, „schwanzloser" Körper, langer schlanker Hals und spitzer Schnabel. Zur Brutzeit mit aufstellbarer rotbrauner und schwarzer Federhaube, die bei Jungvögeln und im Winter fehlt.

VORKOMMEN

Haubentaucher leben fast ausschließlich auf dem Wasser. Sie brüten auf Schwimm-Nestern am Rand größerer nahrungsreicher Binnenseen. Oft schwimmen sie mitten auf dem See und tauchen bei der Jagd auf Fische immer wieder (meist bis zu einer Minute). Außerhalb der Brutzeit auch an Meeresküsten.

WISSENSWERTES

Balzende Paare schwimmen mit gespreizten Hauben Brust an Brust und führen einen auffälligen Tanz nach festen Regeln auf. Dann hallen auch die lauten Rufe über den See. Die Jungen sind Nestflüchter, die aber noch fast drei Monate betreut werden. Anfangs fahren sie oft auf dem Rücken ihrer Eltern mit, die manchmal sogar mit ihnen tauchen.

Kormoran

Phalacrocorax carbo

L 90 CM
> KRÄHE
GANZJÄHRIG

Kormorane

MERKMALE

Groß, schwarz („Seerabe") mit schlankem Hakenschnabel, im Brutkleid mit weißer Zeichnung an Kopf und Schenkel. Jüngere Vögel mit hellem Bauch. Von schwimmenden Kormoranen ist manchmal nur der Hals und der nach oben gereckte Kopf zu sehen. Fliegend gleichen sie einem Kreuz (langer Hals, langer Schwanz); oft in Keil- oder Linienformation.

VORKOMMEN

Brütet in großen Kolonien auf Bäumen an Seen. Auch außerhalb der Brutzeit gesellig und an größeren fischreichen Gewässern im Binnenland und an der Küste anzutreffen.

WISSENSWERTES

Jagt tauchend Fische. Das Gefieder ist nicht wasserdicht. Zum Trocknen breiten die Vögel ihre Flügel aus. Kormorane wurden, als „Fischräuber" verfolgt, in Mitteleuropa fast ausgerottet. In den letzten Jahren haben sich die Bestände erholt. Leider werden Kormorane schon wieder abgeschossen, weil sie wirtschaftliche Schäden anrichten können.

Silbermöwe

Larus argentatus

L 55 CM
> KRÄHE
GANZJÄHRIG

Möwen

MERKMALE

Bussardgroß (Spannweite 150 cm). Altvögel weiß. Mit silbergrauem Mantel und schwarz-weiß gezeichneten Flügelspitzen. Jungvögel braun, später immer grauer. Schnabel gelb, Beine rosa. Segelt im Wind und folgt gerne Schiffen. **STIMME**: Der häufigste Ruf ist ein lautes „kiau".

VORKOMMEN

Meeresküste, seltener auch im Binnenland (dort vor allem im Winter auf Müllhalden). Große Brutkolonien meist auf Inseln.

WISSENSWERTES

Vor hundert Jahren durch starke Verfolgung noch selten, sind Silbermöwen inzwischen an der Küste fast allgegenwärtig. Als Allesfresser sind sie zum Kulturfolger geworden und überbrücken den winterlichen Nahrungsengpass in Häfen und auf Mülldeponien. An großen Binnenseen kann man immer häufiger die ähnlichen, gelbfüßigen Mittelmeermöwen *(Larus cachinnans michahellis)* beobachten, die ihr Brutgebiet nach Mitteleuropa ausdehnen.

Graureiher

Ardea cinerea

L 95 CM
> KRÄHE
GANZJÄHRIG

Reiher

MERKMALE

Schlanker, grau-schwarz-weißer Schreitvogel mit langem Hals, langen Beinen und dolchförmigem Schnabel. Fliegt mit S-förmig eingezogenem Hals, gebogenen Schwingen und schwerem Flügelschlag. Spannweite bis 175 cm. **STIMME**: Lautes, raues Krächzen (oft von nächtlich ziehenden Reihern zu hören).

VORKOMMEN

Nicht nur an Gewässern, wo er Fische und Frösche erbeutet, sondern auch auf Wiesen und Äckern und dort vor allem Mäusejäger. Seit Reiher unter Schutz stehen, wagen sie sich selbst in städtische Parkanlagen.

WISSENSWERTES

Jagende Graureiher pirschen sich entweder mit steifen Schritten und gestrecktem Hals an oder lauern stundenlang bewegungslos auf Beute, bevor sie blitzschnell zustoßen. Die Reiher brüten in Kolonien. Ihre großen, aus groben Zweigen bestehenden und viele Jahre lang genutzten Nester bauen sie meist auf Bäumen, manchmal fernab vom nächsten Gewässer.

Weißstorch

Ciconia ciconia

iStörche

L 110 CM
> KRÄHE
APRIL – OKTOBER

MERKMALE

Unverwechselbar mit seinem schwarz-weißen Gefieder, den leuchtend roten Beinen und dem roten Schnabel. Beim Fliegen ist der Hals gestreckt. Segelt häufig in Aufwinden.
STIMME: Schnabelklappern.

VORKOMMEN

In Mitteleuropa Nester meist auf Häusern, weiter im Süden auch auf Bäumen und Felsen. Ihre Nahrung (Regenwürmer, große Insekten, Frösche, Kleinsäuger) suchen Störche in offenen Lebensräumen, in Sümpfen, auf (möglichst feuchten) Wiesen oder auf Feldern.

WISSENSWERTES

Trockenlegungen und Umwandlungen von Wiesen zu Äckern haben dem Storch ebenso zugesetzt wie der Einsatz von Insektiziden in Afrika, wo sich der Langstreckenzieher im Winter hauptsächlich von Heuschrecken ernährt. Viele Jungstörche enden auch in einem der vielen Drähte, die den freien Luftraum durchziehen. Kein Wunder, dass der bekannteste Vogel Deutschlands weit oben auf der Roten Liste steht.

Beobachtungstipps für Vogelfreunde

Zwar gibt es einige Vögel, die den Menschen nicht scheuen. Die meisten Arten halten aber kritische Distanz. Die einfachste Art, ihnen näher zu kommen, ist der Blick durch ein Fernglas; außerdem sollte man Geduld mitbringen. Auch wenn es manchmal viel Zeit kostet, bis ein versteckt durchs Gebüsch schlüpfender Vogel gut zu sehen ist oder ein anderer, der schlafend seinen Kopf im Gefieder verbirgt, endlich aufwacht, dürfen wir auf keinen Fall „nachhelfen". Vor allem in der Nähe des Nestes reagieren viele Tiere sehr empfindlich auf Störungen. Im Zweifelsfall gilt: Der Vogel geht vor! Wer sich für den Kauf eines Fernglases entscheidet, ist mit einer 7–10fachen Vergrößerung gut bedient. Ist man vorwiegend tagsüber unterwegs, ist die Lichtstärke weniger wichtig. Lichtstarke Gläser braucht man nur in der Dämmerung. Sie sind recht groß und schwer – und bleiben deshalb meist zuhause. Ausprobieren sollte man die Farbwiedergabe, die Schärfe (vor allem im Randbereich) und die Möglichkeit, auch ferne Objekte scharf stellen zu können. Gerade wenn ein Vogel nur wenige Meter entfernt ist, bereitet die Beobachtung mit dem „Nahglas" höchsten Genuss.

VOGELKONZERTE ALS BESTIMMUNGSHILFE

Nicht nur das Auge, auch das Ohr hilft bei der
Vogelbestimmung. Manche Arten lassen sich sogar
besser am Gesang oder an den Rufen erkennen als
an ihrem Aussehen. Außerdem verschwinden
selbst farbenprächtige Vögel oft dann im üppigen
Pflanzenkleid und sind leichter zu hören als zu
sehen. Man hat deshalb schon früh versucht, die
Gesänge mit Worten, Noten oder Merksprüchen zu
umschreiben – ein schwieriges, manchmal sogar
unmögliches Unterfangen. Nur ein sehr charakte-
ristischer Gesang, der des Zilpzalps etwa (S. 24;
„zilp zalp zilp zalp") oder der der Goldammer (S.44;
„Wie, wie, wie hab ich Dich liiieb!"), lässt sich auf
diese Weise sicher erkennen.
Moderne Tonträger erleichtern die Bestimmung
wesentlich. Allerdings bedarf es einiger Übung,
sich einen morgens im Wald gehörten Vogelruf zu
merken und nachträglich
mit Hilfe einer Kassette
oder CD zu identifizieren.
Noch besser ist es, dem
unbekannten Sänger drau-
ßen auf die Spur zu kom-
men, ihm in aller Ruhe
zuzuhören, sich seinen
Gesang einzuprägen und
ihn mit dem Fernglas zu
entdecken.

singender Buchfink

Natürlich ist es einfacher, das zunächst nicht an einem sonnigen Maimorgen zu versuchen, wenn eine verwirrende Sinfonie ertönt, sondern schon im Spätwinter zu beginnen. Dann singen erst wenige Arten, die schon vertraut klingen, wenn sich im Frühjahr weitere, zunächst fremde Stimmen in den Chor mischen. Auch frühes Aufstehen ist sinnvoll, denn das morgendliche Vogelkonzert setzt nicht auf einen Schlag ein. Die meisten Vögel singen nur während der Brutzeit, um Weibchen anzulocken und ihr Revier gegen Artgenossen abzugrenzen. Aber auch im restlichen Jahresverlauf sind Vögel nicht stumm. Jede Art lässt eine Vielzahl von Lautäußerungen und Rufen hören. Bettelrufe machen die Eltern

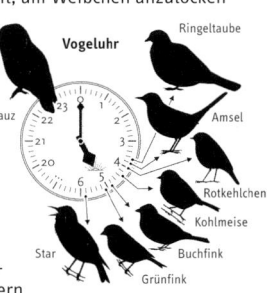

auf ihre hungrigen Jungen aufmerksam, Warnrufe ertönen, wenn Sperber oder Katzen entdeckt werden, Zugrufe dienen dem Zusammenhalt nächtlich wandernder Scharen...

Es lohnt sich also, das ganze Jahr „ganz Ohr" zu sein.

DIE LEBENSRÄUME: AUSGANGSPUNKTE FÜR ENTDECKUNGEN

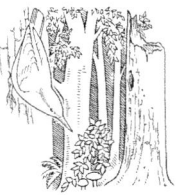

Lebensraum Laubwald

Um eine Stockente, ein Blässhuhn oder einen Haubentaucher zu sehen, wird man sich ans Wasser begeben, den Buntspecht sucht man nur dort, wo Bäume wachsen, die Lerche in der freien Feldflur. Zu jedem Lebensraum gehört eine bestimmte Lebensgemeinschaft. Wer also möglichst viele Vogelarten kennen lernen will, hat in vielfältigen Landschaften mehr Erfolg als in einförmigen.

Dabei sind manche Vogelarten sehr anspruchsvoll und deshalb meist entsprechend selten, während andere in vielen unterschiedlichen Lebensräumen vorkommen – aber selbst solche „Allerweltsarten" gehen heute vielerorts zurück.

Zahlreiche Vogelarten nutzen verschiedene Landschaftstypen. Der Mäusebussard etwa (S. 96) brütet im Wald und jagt auf den Feldern und Wiesen. Außerdem sollte man nicht vergessen, dass jeder (einheimische) Vogel Flügel hat und Mobilität zu seinen wesentlichen Eigenschaften gehört. Vor allem außerhalb der Brutzeit trifft man manchen Vogel dort, wo man ihn am wenigsten erwartet hat...

Wälder: Wald ist nicht gleich Wald. Laubwälder beherbergen eine ganz andere Vogelgemeinschaft als Nadelwälder. Im eintönigen „Fichtenacker" herrscht bedrückende Stille, während im benachbarten Tannenhochwald ein Vogelkonzert ertönt. Im Gebirge und im Flachland können unterschiedliche Arten brüten. Außerordentlich artenreich sind Auwälder und Laubmischwälder mit vielen alten Bäumen und einem hohen Anteil von Totholz. Hier finden Höhlenbrüter (z.B. Kleiber, s. Abb. S. 117) genügend Wohnungen, und der Insektenreichtum sorgt für ein gutes Nahrungsangebot.

Gärten und Parks:

Ein kleinräumiges Mosaik von Bäumen und Wiesen oder Rasen kennzeichnet viele Gärten, Parks und Obstwiesen. Es bietet vielen Vögeln lichter Wälder oder

Lebensraum Gärten und Parks

Waldränder Lebensraum. Stehen in Stadtparks alte Baumriesen, sind sie für Vögel (und nicht nur für sie) besonders wertvoll – solange sie nicht von „Baumchirurgen" saniert werden. In den Gärten treten neben den Waldvögeln sowohl immer mehr Arten der offenen Landschaft als auch typische Siedlungsvögel auf.

Dörfer und Städte: Manche Vogelarten haben sich den Menschen so eng angeschlossen, dass man sie nur selten außerhalb unserer Siedlungen antrifft. Dazu gehören z.B. Hausrotschwanz (S. 32), Straßentaube (S. 68), Mehl- und Rauchschwalbe (S. 46 ff.), die sich, von Natur aus Felsenbrüter, an den „Kunstfelsen" der Häuser überaus wohl fühlen. Auch Türkentaube (S. 66), Amsel (S. 62) und Haussperling (S. 34) schätzen unsere Nachbarschaft. Gute Futterversorgung, etwas mildere Temperaturen im Winter und geringerer Feinddruck innerhalb von Ortschaften sind einige der Gründe, warum anpassungsfähige Vögel in die Stadt ziehen.

Lebensraum Dörfer und Städte

Felder und Wiesen: Als unsere Ahnen vor Jahrtausenden sesshaft wurden und begannen, Ackerbau zu betreiben, wirkte sich das auf die Artenvielfalt Mitteleuropas überaus positiv aus. Wo sich vorher überwiegend Wälder erstreckten, entstand ein Landschaftsmosaik. Mit der offenen Feldflur entwickelten sich Lebensräume für Feldlerche (S. 56), Goldammer (S. 44) und viele weitere Arten. Auf ausgedehnten Feuchtwiesen fühlte sich der Kiebitz (S. 74) wohl.

Mit Kunstdünger, chemischer Unkrautvernichtung, Flurbereinigung und schweren Maschinen wurde der Segen der Landwirtschaft für viele Wildpflanzen und -tiere innerhalb weniger Jahrzehnte zum Fluch. Extrem schnell wachsende Nutzpflanzen und immer schneller werdende Bearbeitungszyklen bei fehlenden Brachzeiten haben die Agrarlandschaft vielerorts bereits zur „biologischen Wüste" gemacht: Fast alle Feld- und Wiesenvögel stehen inzwischen auf den Roten Listen der gefährdeten Tierarten.

Lebensraum Felder und Wiesen

Gewässer: Am Wasser treffen wir eine besonders vielfältige Vogelwelt – weshalb das Wasser auch Vogelfreunde magisch anzieht, zumal der freie Blick die Beobachtung erleichtert. Taucher (S. 104), Reiher (S. 110), Schwäne (S. 102), Gänse und Enten (S. 98 ff.), Watvögel (S. 74 ff.) und Möwen (S. 78, 108) beleben Flüsse, Seen und Meeresküsten. Wertvoll sind vor allem Gewässer mit ungestörten Uferzonen, die als Brutgebiete genutzt werden können. Auch unter den Singvögeln gibt es viele „Wasserfreunde", die in den Schilfgürteln großer Seen ebenso wie in den begleitenden Weidenge-

büschen und Auwäldern
brüten. Außerhalb der
Brutzeit sammeln sich
Wasservögel oft in großen
Trupps oder Schwärmen,
so dass es sich gerade
auch im Winter lohnt, an
Gewässern zu beobachten.

**Lebensraum
Gewässer**

Vogelschutz

Der Schutz unserer heimischen Vogelwelt stand
schon vor über hundert Jahren am Anfang der Na-
turschutzbewegungen. Zu Beginn galt das Inte-
resse eher einzelnen Arten (wie den Singvögeln),
die als schön und nützlich galten. Später rückte
immer mehr die Einsicht in den Vordergrund, dass
Artenschutz ohne den Schutz von Lebensräumen
wenig Erfolg versprechend ist. Bis heute haben wir
das alte Denken in den Kategorien „nützlich" oder
„schädlich" aber oft noch nicht überwunden.
Um gefährdete Lebensräume mit ihrer Vogelwelt
zu erhalten, werden Naturschutzgebiete eingerich-
tet. Insgesamt ist deren Fläche aber viel zu klein
und nur als Ergänzung zur flächigen Erhaltung
einer vielfältigen Kulturlandschaft sinnvoll.
Naturschutz kann schon direkt vor der Haustür
beginnen: Mit Efeu oder Wildem Wein begrünte
Fassaden sind beliebte Brutplätze. Ein großes

Potenzial schlummert auch in den Gärten, die zusammen eine sehr große Flächen einnehmen. Einheimische Bäume und Sträucher, „Schmuddelecken", eine Wasserstelle als Tränke und Vogelbad, ein Komposthaufen und der Verzicht auf Gifteinsatz lassen Gärten zu wertvollen Lebensräumen werden. Wo an glatten Wänden Nistplätze fehlen, helfen Halbhöhlen für Hausrotschwanz (S. 32), Grauschnäpper und Bachstelze (S. 54). Die klassischen Nistkästen werden gerne von Meisen bewohnt. Fluglöcher mit kleineren Durchmessern sorgen dafür, dass neben der kräftigen Kohlmeise (S. 16) auch andere Arten zum Zug kommen. Um spät ankommenden Zugvögeln wie dem Gartenrotschwanz oder dem Trauerschnäpper noch Wohnraum zu bieten, können ruhig ein paar Kästen mehr aufgehängt werden. Allerdings sollte der Garten dann auch Nahrung für viele Vögel bieten.

Grüne Fassade mit Halbhöhlenkasten und Hausrotschwanz

Winterfütterung dagegen ist eigentlich nicht nötig. Zwar macht es Spaß, den Vögeln am Futterhaus zuzusehen, die Standvögel sind aber darauf eingestellt, den Winter auch ohne unsere Hilfe zu überstehen.

Weitere Bücher über Vögel:

Frieling/Barthel, Das neue Was fliegt denn da?
143 S., 1.167 Abb., Klappenbroschur
ISBN 3-440-07243-6

Barthel/Frieling/Roché, Was fliegt und singt denn da?
Naturführer „Was fliegt denn da?"
(144 S., 1.167 Abb.) und 2 CDs (ca. 145 Min.)
ISBN 3-440-08038-2

Bastian H.-W., Vogelgerechte Nistkästen selbst gebaut
92 S., 227 Abb., gebunden
ISBN 3-440-08103-6

Jonsson L., Die Vögel Europas
559 S., über 2.600 Abb., gebunden
ISBN 3-440-07828-0

Pott E., Vögel
Reihe Kosmos Kompakt
224 S., 436 Abb., Klappenbroschur
ISBN 3-440-07700-4

Svensson/Grant/Mullarney/Zetterström,
Der neue Kosmos Vogelführer
400 S., 4.116 Abb., gebunden
ISBN 3-440-07720-9

Buchfink oder Bergfink?

Klarheit durch optische Leistung.

Leica Camera AG
www.leica-camera.com
Oskar-Barnack-Straße 11
D-35606 Solms
Telefon + 49 (0) 6442-208-111
Telefax + 49 (0) 6442-208-333

Ferngläser und Spektive von Leica

Mit uns können Sie die Wunder der Natur aus nächster Nähe erforschen oder die Weiten des Weltalls in voller Schönheit betrachten.
Den verbesserten Nahbereich der neuen TRINOVID Ferngläser werden Vogelfreunde besonders zu schätzen wissen.

 my point of view

Register

Aaskrähe 94
Accipiter nisus 88
Alauda arvensis 56
Alcedo atthis 52
Amsel 62
Anas platyrhynchos 100
Apus apus 50
Ardea cinerea 110
Austernfischer 76
Aythya fuligula 98
Bachstelze 54
Blässhuhn 82
Blaumeise 14
Buchfink 38
Buntspecht 58
Buteo buteo 96
Carduelis carduelis 36
- chloris 40
Certhia brachydactyla 20
Ciconia ciconia 112
Columba livia f. *domestica* 68
- palumbus 70
Corvus corone 94
Cuculus canorus 72
Cygnus olor 102
Delichon urbica 4

Eichelhäher 90
Eisvogel 52
Elster 92
Emberiza citrinella 44
Erithacus rubecula 30
Falco tinnunculus 86
Feldlerche 56
Fringilla coelebs 38
Fulica atra 82
Gallinula chloropus 80
Garrulus glandarius 90
Gartenbaumläufer 20
Gimpel 42
Goldammer 44
Graureiher 110
Grünfink 40
Haematopus ostralegus 76
Haubentaucher 104
Hausrotschwanz 32
Haussperling 34
Hirundo rustica 48
Höckerschwan 102
Kiebitz 74
Kleiber 18
Kohlmeise 16
Kormoran 106

Kuckuck 72
Lachmöwe 78
Larus argentatus 108
- ridibundus 78
Mauersegler 50
Mäusebussard 96
Mehlschwalbe 46
Mönchsgrasmücke 26
Motacilla alba 54
Parus caeruleus 14
- major 16
Passer domesticus 34
Phalacrocorax carbo 106
Phoenicurus ochruros 32
Phylloscopus collybita 24
Pica pica 92
Picoides major 58
Podiceps cristatus 104
Pyrrhula pyrrhula 42
Rauchschwalbe 48
Regulus regulus 22
Reiherente 98
Ringeltaube 70
Rotkehlchen 30
Silbermöwe 108
Sitta europaea 18
Sperber 88
Star 60

Stieglitz 36
Stockente 100
Straßentaube 68
Streptopelia decaocto 66
Strix aluco 84
Sturnus vulgaris 60
Sylvia atricapilla 26
Teichhuhn 80
Troglodytes troglodytes 28
Türkentaube 66
Turdus merula 62
- pilaris 64
Turmfalke 86
Vanellus vanellus 74
Wacholderdrossel 64
Waldkauz 84
Weißstorch 112
Wintergoldhähnchen 22
Zaunkönig 28
Zilpzalp 24